MON ATELIER D'ÉCRITURE et MON ATELIER DE POÉSIE

Conception graphique de la couverture
et des pages annexes : cedricramadier.com

Une première édition de cet ouvrage est parue en 2 volumes séparés
chez Albin Michel Jeunesse :

Des jeux pour écrire

MON ATELIER D'ÉCRITURE et MON ATELIER DE POÉSIE

Christine Beigel et **Rolande Causse**
Illustrations de **Anne Simon** et **Jean Claverie**

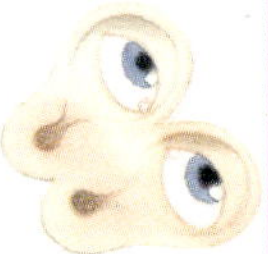

Albin Michel Jeunesse

SOMMAIRE

Mon atelier de poésie

Rolande Causse
Illustrations
de **Jean Claverie**

J'ÉCRIS DES POÉSIES

Tous les poèmes
de *J'écris des poésies*
sont de Rolande Causse,
sauf indication contraire.

FRAGILE

PRÉFACE

Écrire des poésies est un jeu à la portée des enfants et des adolescents.
Dans ce livre, chaque lecteur trouvera les étapes, afin qu'à son tour il puisse mieux observer, écouter, percevoir les associations et la musique des mots.
Il découvrira la manière de dire ses impressions, ses émotions, ses désirs, ses colères.
Il suivra les conseils pour composer des poèmes.
De page en page, il comprendra comment jongler avec les expressions, s'évader et s'envoler dans l'imaginaire. Il saisira qu'un poème est une tapisserie de mots, que les motifs en sont des instants de bonheur, des moments d'attente, des rêves, des souvenirs, des visages aimés… La poésie deviendra une façon originale de mettre en mots, reflets de beauté, traces d'histoire familiale, instants de sensibilité.
Quelle fierté lorsque l'écrivant lira et relira son texte tout en proclamant : « J'en suis l'auteur ! »
La poésie le libérera.
Au fil du temps, les poèmes naîtront, colorés, inventifs, émouvants. Le jeune lecteur percevra alors le bruissement de la langue, la luxuriance des images et la profondeur de l'être.
Il abordera sur le continent Poésie.

Rolande Causse
Écrivain et animatrice d'ateliers de lecture-écriture

Une **collection**

À vous de jouer

Tout d'abord, prenez un **petit carnet** qui deviendra votre carnet de poésie et que vous aurez toujours sur vous.
Comme plumes et insectes, les mots se collectionnent.
Puis, lisez les poèmes de ces pages. J'ai mis en couleurs les mots, les expressions (métaphores), les groupes de mots que j'aime.
Je peux les apprécier pour leur sens ou pour leur musique.
Par exemple, j'aime le mot nid pour sa douceur et le mot friselis (frémissement) pour la musique de ses syllabes. Chaque langue possède une harmonie de sons, un rythme, une mélodie.

Matin

[…] Le matin est limpide
Et les cheminées fument.
Leurs volutes sont bras
Qui soulèvent la brume.

Écoutez les poèmes
De l'eau parmi les saules,
Petits oiseaux sans ailes
Perdus entre les herbes !

Tous les arbres qui chantent
Se brisent desséchés,
Et se tournent en plaines
Les montagnes sereines.
Mais la chanson de l'eau
Reste chose éternelle. […]

Federico Garcia Lorca,
Poésies I, Poésie/Gallimard

Il était une feuille

Il était une **feuille** avec ses lignes
Ligne de vie
Ligne de chance
Ligne de cœur

Il était une branche au bout de la feuille
Ligne fourchue signe de vie
Signe de chance
Signe de cœur

Il était un arbre au bout de la branche
Un arbre digne de vie
Digne de chance
Digne de cœur
Cœur gravé, percé, transpercé,
Un arbre que nul jamais ne vit.

Il était des racines au bout de l'arbre
Racines vignes de vie
Vignes de chance
Vignes de cœur

Au bout des racines il était la terre
La terre tout court
La terre toute ronde
La terre toute seule au travers du ciel
La terre.

Robert Desnos,
Fortunes, Poésie/Gallimard

Le cœur
Le cœur à ce qu'elle chante
Elle fait fondre la neige,
La nourrice des oiseaux.

Paul Eluard,
Poésies 1913-1926, Poésie/Gallimard

À vous de jouer

• **Choisissez** dans tous les poèmes les mots et les expressions qui vous plaisent particulièrement.
• **Écrivez-les** dans votre carnet, les uns à la suite des autres.
Ainsi, peu à peu, vous allez vous constituer une belle collection de mots ou d'associations de mots. Ajoutez tous ceux qui vous charment à l'occasion des jeux, des vacances, des sports, des arts, de vos activités préférées…
• **Lisez** d'autres livres de poésie (ou des textes) et notez tous les mots, toutes les images qui vous enthousiasment. Votre dictionnaire vous aidera à trouver des mots ou à chercher le sens de ceux que vous ne connaissez pas. Prenez l'habitude de le fréquenter et il deviendra votre ami.

Les Djinns

Murs, ville,
Et port,
Asile
De mort,
Mer grise
Où brise
La brise,
Tout dort.

Dans la plaine
Naît un bruit.
C'est l'haleine
De la nuit.

Elle brame
Comme une âme
Qu'une flamme
Toujours suit !

Victor Hugo,
Les Orientales XXVIII

Les roses de Saadi

J'ai voulu ce matin te rapporter des roses ;
Mais j'en avais tant pris dans mes ceintures closes
Que les nœuds trop serrés n'ont pu les contenir.

Les nœuds ont éclaté. Les roses envolées
Dans le vent, à la mer s'en sont toutes allées.
Elles ont suivi l'eau pour ne plus revenir ;

La vague en a paru rouge et comme enflammée.
Ce soir, ma robe en est encore tout embaumée...
Respires-en sur moi l'odorant souvenir.

Marceline Desbordes-Valmore, *Poésies*

Au bois, il y a un oiseau, son chant vous arrête et vous fait rougir.
Il y a une horloge qui ne sonne pas.
Il y a une fondrière avec un nid de bêtes blanches.
Il y a une cathédrale qui descend et un lac qui monte.
Il y a une petite voiture abandonnée dans le taillis,
Ou qui descend le sentier en courant, enrubannée.
Il y a une troupe de petits comédiens en costumes,
Aperçus sur la route à travers la lisière du bois.
Il y a enfin, quand l'on a faim et soif,
Quelqu'un qui vous chasse.

Arthur Rimbaud,
Une saison en enfer, Illuminations et autres textes,
(1873-1875)

Ouvrez un magasin de **mots** et d'**expressions**

Devenez marchande ou marchand de mots.
Écrivez vos mots sur des feuilles volantes ou des petits papiers. Puis, rangez-les dans des panières, des boîtes, des enveloppes de toutes tailles à décorer.
Vous pouvez aussi les écrire sur votre carnet.

Pour vos classements, voici des titres :
Mots de sentiments : amitié, bonheur, solitude, colère, méchanceté, malheur.
Mots de la nature et des paysages.
Mots des sens : couleurs, senteurs, bruits, goûts, toucher.
Mots des arts, mots poétiques, mots de peinture, de musique, de beauté.
Mots du corps : mouvements, danse, voix, maladies.
Mots drôles (humour).
Mots philosophiques, mots du monde, mots de voyage, mots de magie.
Mots usés, trop banals ou trop entendus (à jeter dans une poubelle à mots, que l'on conserve au cas où).
Vous possédez désormais des panières riches de tous les mots, de toutes les expressions poétiques.
Vous constaterez que certains mots ou images peuvent se classer dans plusieurs groupes. Vous découvrirez la complexité et la beauté de la langue.

À vous de jouer

Vous avez récolté tant de mots et d'images que vous pouvez « ouvrir une boutique » (gratuite), où vous les mettrez en valeur ; ainsi, vos amis et vous viendrez y puiser de nouvelles idées.
Comment appellerez-vous votre boutique ?

LA MARE AUX MOTS
Lettres et Motifs
LA CAVERNE AUX 1001 MOTS
Plumes-Mots
MOTS SANS MAUX

Cherchez-en d'autres.

Mots merveilles

Le mot est père de la langue, mère de la sensibilité.
Le mot est caresse, musique, douceur, douleur, cri, joie, partage, émotions, couleurs…
Il existe des mots de fraîcheur qui permettent de marcher dans les déserts les plus arides.
Il y a des mots bâtons-de-nage pour écarter les requins.
Il y a des mots oiseaux qui vous transportent vers une journée de joie ensoleillée.
Il y a des mots d'ombre qui vous réveillent dans une colère d'étincelles…
Il y a des mots rocailles, herbes du ciel, fleurs de feu, voiles de vent, sacs d'étoiles, enfances d'abondance…
Il existe des mots flamboyants, mirobolants, aux senteurs de cannelle, de piments et de santal…
Les mots sont les maîtres de la poésie.

Vos premiers **poèmes**

Qu'est-ce que la poésie ?
Un galet roulé sur lequel tous les mots qui ne sont pas indispensables ont disparu. En son cœur s'amassent sentiments, pensées, paysages, visages, souvenirs, douleurs... dits avec des images et des sons qui étonnent, déroutent, charment, émerveillent... Vous pouvez tout écrire, garder pour vous vos textes ou les faire lire à ceux qui vous entourent, et proclamer à haute voix : « **J'en suis l'auteur !** »

Aujourd'hui tout se mêle

Les prairies vagabondes
Les frissons d'aubépine
Le regard de la lune
Les pleurs en chapelet
L'écho des voix qui grondent
Les couleurs de l'été
Les caches secrètes
Et l'appel d'une fée

J'aime

les hauts sommets où bruissent le vent et les aigles

J'aime

la mer, son étendue infinie et ses grottes profondes

J'aime

l'acrobatie, vertige et folie passagère

J'aime

la cavalcade des chevaux sauvages

Je n'aime pas l'attente, les insultes, les promesses oubliées

Je n'aime pas les cauchemars, les adieux, la soupe

J'aime et je n'aime pas
lorsque mes yeux se ferment de fatigue

Je suis en colère contre les punitions
JE RAGE contre ceux qui bombardent, incendient, affament et tuent
JE RAGE contre ceux qui ne donnent pas de travail à cet homme malheureux
Je suis en colère contre la maladie qui m'a retenu si longtemps au lit

À vous de jouer

Vous avez enfoui en vous-mêmes des sensations de plaisir ou de chagrin, des sentiments de colère, d'amitié ou de révolte. Vous avez lu les poèmes. À votre tour, choisissez un ou plusieurs points de départ : « J'aime », « Aujourd'hui tout se mêle »... Puis, laissez-vous emporter dans l'écriture de « Je suis en colère »..., « Je rage »... et devenez écrivants.

Jeux de « **Je** »

À Panama
J'ai eu peur d'un rat

En Crête
J'ai eu peur des scorpions

En Colombie
J'ai eu peur d'une explosion

En Normandie, dans un champ
J'ai eu peur d'une vache ruminant

Au Togo, à Lomé
J'ai eu peur d'être abandonné.

À vous de jouer

Voyez si un ou plusieurs points de départ vous tentent.

Vous pouvez piocher dans votre collection ou tenter de dire avec vos mots ce que vous ressentez.

• **Au sujet des peurs** : « J'ai peur de »… dans la nuit, dans la campagne, à la mer, dans la ville… Sans oublier la peur des animaux monstrueux ou imaginaires.

• **Puis jouez au jeu** des « Je » avec « Je suis », « Je voudrais être », « J'ai été ».

Vous serez peut-être tenté de faire rimer les vers. C'est un jeu. Mais mieux que les rimes qui vous enferment dans un choix restreint de mots, je vous conseille de voir la beauté des images et la musique des sons.

Je voudrais être une panière de patience
Je voudrais être un messager souriant

Je suis un édredon de nuages
Je suis un collier de larmes
Je suis un livre de lumière
Je suis un puits de rêve
Je suis le rideau de tes yeux

J'ai été celui qui créa le monde
J'ai été celle qui imagina les planètes
J'ai été celui qui crayonna la voûte céleste
J'ai été celle qui fit naître continents et océans
J'ai été celui qui sculpta monts et fleuves
J'ai été celle qui saupoudra les couleurs
J'ai été celui qui découpa le temps
J'ai été celle qui dessina les paysages
J'ai été celui qui inventa le livre
J'ai été celle qui composa la musique
J'ai été celui qui ensemença
J'ai été celle qui enfanta
J'ai été joie, j'ai été douleur
J'ai été le cœur de tous les êtres
J'ai été l'esprit des lettres

La **vue** et l'**ouïe**

À vous de jouer

Je vous propose de poétiser à partir des cinq sens :
la vue, l'ouïe, le toucher, l'odorat, le goût.

Pour chacun, abordez la **réalité**, **regardez**, **écoutez**, **caressez**, **humez**, **dégustez**...
Ensuite, laissez aller votre imagination et envolez-vous au-delà de la réalité. Démarrez sur « **Je vois** », « **J'entends** » et « **Je voudrais voir** », « **Je voudrais entendre** ». Passez sans cesse de la réalité à l'imaginaire. Bondissez de ce que vous ressentez à ce que vous ne ressentirez jamais, mais, qu'à travers les mots, vous pouvez rêver de faire...

Je vois ces rues closes aux murs blancs croulant sous les bougainvilliers
Je vois ces jardins ombragés,
ces grottes fleuries, ces allées mystérieuses
Je vois une rivière chuchotante et serpentante
Je vois des perroquets bavards
Je vois cet enfant qui se cache derrière un masque
Je vois cette ville ancienne aux parfums d'acacias

Entends la parole qui ouvre le jour
écoute l'instant qui ronronne et fait le gros dos
Entends la colère des pauvres chassés de leur logis
écoute le chuchotement du vent dans la cheminée
Entends la berceuse du soir

Je voudrais voir le temps des tournois et des troubadours

Je voudrais voir devant ma fenêtre une palmeraie géante

Je voudrais voir un enfant qui pleure de joie

Je voudrais voir un instant de bonheur étreignant un instant de beauté

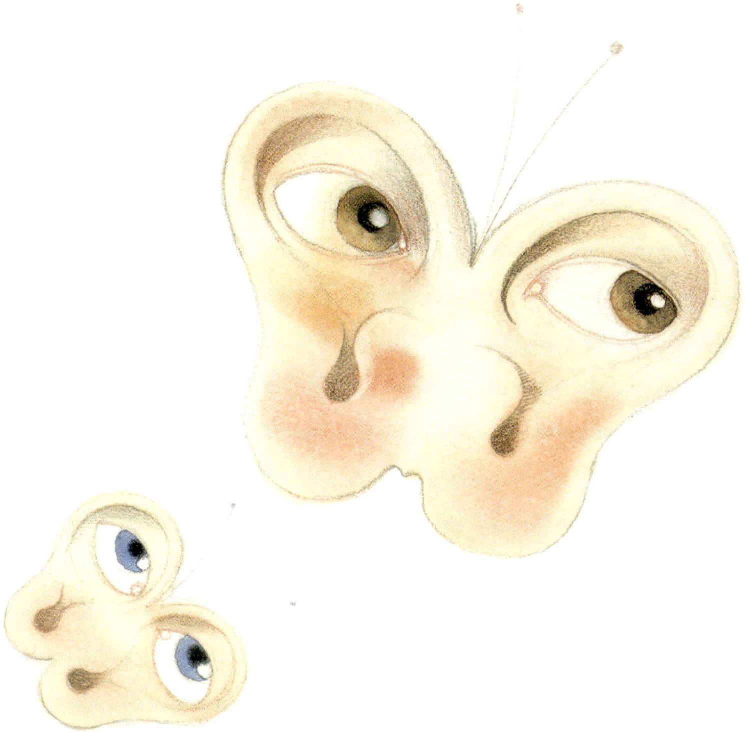

Je voudrais entendre

l'échelle de soie du songe

Je voudrais entendre

la voix des morts

Je voudrais entendre

les murmures d'une haie d'aubépine

Je voudrais entendre

le langage des pierres

Le **toucher**

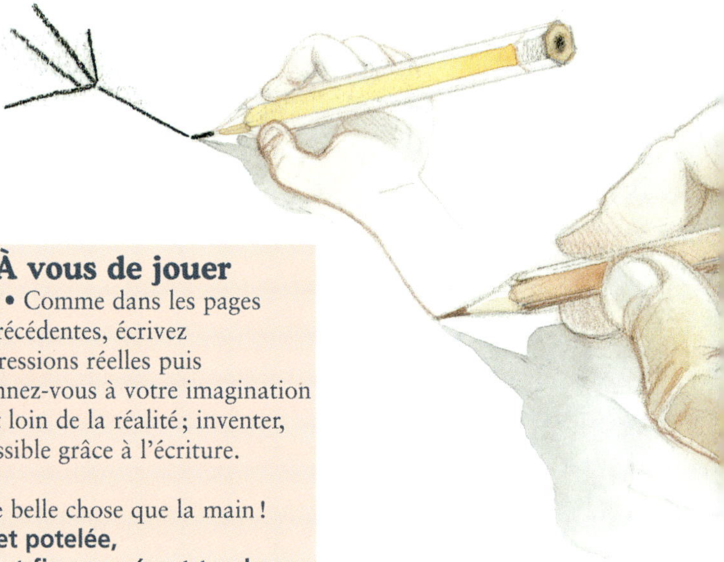

À vous de jouer

• Comme dans les pages précédentes, écrivez vos impressions réelles puis abandonnez-vous à votre imagination dérivant loin de la réalité ; inventer, c'est possible grâce à l'écriture.

• Quelle belle chose que la main !
Ronde et potelée,
longue et fine, carrée et tendre.
Main de mousse,
de velours, de feuillage...
Associez à ces mains des actions, des gestes ou des mots poétiques.

Je **touche** la terre
Frisson mortifère

Je **palpe** le tulle
Vol de libellule

Je **caresse** un rocher blanc
Grains d'ancien temps

Je **saisis** l'écume
Danse de plumes

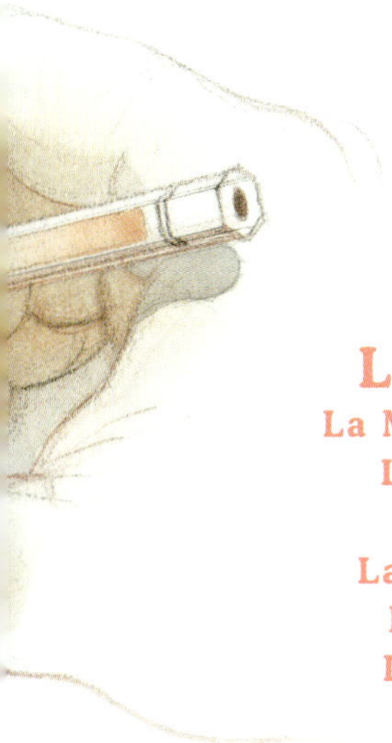

Je voudrais toucher une comète

Je voudrais toucher l'origine des humains

Je voudrais toucher la source des couleurs

Je voudrais toucher l'intelligence

La Main de poussière caresse l'inconnu
La Main de chardon crie des menaces ensorcelées
La Main d'asphalte se veut sagesse rousse
La Main de papier pacifie des années
La Main de silex déchire les cris d'une sirène
La Main de laine apprivoise l'impatience
La Main de fougère s'époumone d'amour

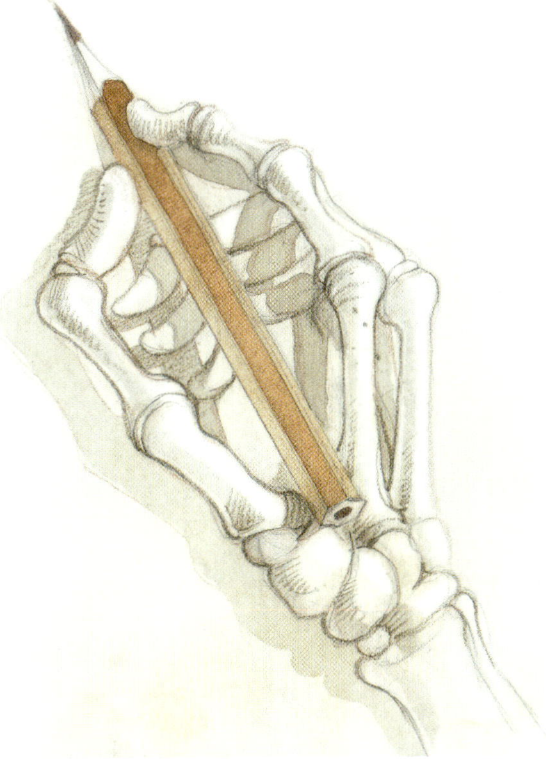

L'**odorat** et le **goût**

Je déguste une marche au cœur de la forêt
Je déguste le miroitement du soleil sur l'océan
Je déguste la majesté et l'élan élégant d'une danseuse

Je voudrais déguster
l'illumination des étoiles filantes
Je voudrais déguster
les étapes d'un jour féerique
Je voudrais déguster
la croissance de l'arbre et son épanouissement

Je respire les senteurs vagabondes
Je hume l'aigre parfum du buis
Je sens l'arôme des bons mets, là-bas à la cuisine
J'aspire l'odeur vacancière du foin coupé
Je plonge mon visage dans la suavité des roses

Je voudrais sentir le souffle de la terre
Je voudrais sentir sur ma peau la douceur infinie
Je voudrais sentir le poids de mes pensées accumulées
Je voudrais sentir battre le cœur d'une planète

Perds-toi dans **le labyrinthe de ses yeux**
Interprète les grondements du **coquillage à ton oreille**
Admire **le volcan de ses lèvres** qui savourent
Hume **tous les parfums** colorés des tropiques
Caresse ses mains peintes et leurs **gestes gracieux**

À vous de jouer

Vous pouvez partir de « **Je respire** » ou « **Je déguste** » et basculer dans l'imaginaire d'un « **Je voudrais sentir** » ou « **Je voudrais déguster.** »
Les cinq sens en éveil sont sources de poèmes.
Continuez avec cinq phrases, chacune sur un de vos sens.

Espèces d'**espace**

À vous de jouer

• Sous les yeux, l'espace s'étend plus loin, très loin, à l'infini : observez autour de vous, du plus près au plus loin.

• Décrivez alors ce que vous voyez « **ici** », « **là** » et « **là-bas** », ainsi que vos images rêvées.

• Je vous invite à mettre en poème un lieu que vous aimez ou imaginez, ou bien à prendre pour point d'envol « **Au-dessus…** »

Là,
surgit un torrent cascadant
Là,
virevolte une fille aux mille rires
Là,
tombe une promesse imprévue
Là,
un garçon passe pieds nus
Là,
logent tous les espoirs

Ici
Cité grise, tours géantes, places piétonnes
Où errent de minuscules ombres

Là-Bas
Bosquets, buissons,
Treille, tonnelle, roses trémières
Et les jeux joyeux à l'orée du bois

Ici
Le supermarché aux visites mirobolantes
Le vacarme et les cris à gorge déployée
L'aujourd'hui malchanceux,
Les incertaines éclaircies

Là-Bas
Les derniers habitants de Sagesse
Le silence, tourbillon d'air et de plumes
La grâce virevoltante des graminées

Là-Bas

Un peuple d'abeilles, de fougères bavardes,
De chênes enchantés
Et d'heures qui s'écoulent avec lenteur

Ici
Ton regard d'outremer
Ici, aussi
Un ciel étoilé

Au-dessus des mousses parfumées
Au-dessus d'une source bavarde
Au-dessus de l'abandon et du mensonge
Au-dessus d'un chemin perlé d'aurore
L'enfant marche portant tous les dons du monde

Tant de **temps**

**Après l'espace – de la chambre aux galaxies – vient le temps.
Temps présent, instant où j'écris une poésie.
Rapidement, l'aiguille de la montre tourne, le temps coule, s'en va…
Temps passé, perdu. Mais demain, j'aurai des heures libres,
du temps futur, l'avenir, le temps de lire et d'écrire…**

La Flamme de la nuit

Au cou de **LA NUIT** s'accroche
L'anneau des siècles

Au doigt de **LA NUIT** pleure
L'enfant solitaire

Aux yeux de **LA NUIT** s'épanouit
La mémoire serpentine

Au bras de **LA NUIT** se perche
L'oiseau rapace

Au cœur de **LA NUIT** frissonne
La blessure oubliée

Sur la chevelure de **LA NUIT**
apparaît
L'aube incertaine

À vous de jouer

- « **Matin** », « **midi** », « **soir** » et « **nuit** » peuvent faire frissonner les mots.
- Faites un poème sur la nuit avec vos effrois, vos songes, vos cauchemars ou bien racontez une promenade passée, le charme d'une soirée d'été, un paysage sous la lune.

Hier
Soleil vif
Jeux d'ombre et de brillance
Air tiède comme une caresse
Embrassades

Aujourd'hui
La pluie tambourine
Flaques d'eau aux miroirs troubles
Rideaux tissés de géantes gouttes
Humidité, humeur chagrine

Demain
Jeux dans la prairie
Feuilles qui frémissent
Brume mauve
Espoir et joie

MATIN est levée de brume
MIDI est joutes et jeux
SOIR est obscurité de rosée
NUIT frémit au défilé des images oubliées

L'eau

Océans et mers, fleuves et rivières, lacs, étangs, mares, ruisseaux et filets d'eau, pluie, gouttes, larmes, bruine et rosée...

À vous de jouer

• Parmi tous ces mots mouillés, choisissez. Devenez océan déchaîné ou goutte de rosée... Rêvez de vous cacher derrière le masque d'un « **Si j'étais mer démontée** » ou « **Si j'étais mare apaisée** »... Et si vous n'avez pas de belles expressions, puisez dans votre collection.

Si j'étais la fontaine

Dans le patio, j'attendrais
le frémissement des colombes
et des tourterelles assoiffées

Si j'étais l'eau

Je serais une voix roucoulante
le long d'un escalier de cristal

Si j'étais une île

Je me laisserais bercer
par les chuchotements des vagues
Je serais impatiente de voir
un bateau voguant vers moi
avec ses passagers heureux

Je suis larmes au chagrin entrevu
Tu es rosée irisée d'un matin frileux
Elle est rivière chantante sous une arche de verdure
Nous sommes cascade miroitante
Vous êtes fleuve sous la pluie fracassante
Ils sont lagons aux reflets d'or dans le récif corallien

L'air

Du ciel aux nuages bas,
des cimes aux faîtes des arbres
et dans l'air volent les oiseaux et les cerfs-volants.

À vous de jouer

• Entre Terre et voûte céleste, il y a les vents, les tourbillons, les trous d'air, mais aussi les arcs-en-ciel, les aigles et la Lune…
À vous de faire votre choix.

Si j'étais l' air

Je serais une brassée d'enfants
Lançant porte-bonheur et cerfs-volants

Si j'étais oiseau

Sur l'aile du vent
Je pirouetterais
Invisible dans la nuit de la terre

Si j'étais oiseau

Je sauterais sur la corde du ciel
Et volerais jusqu'à toi

La **terre**

Vaste terre : plaines, monts, déserts, champs, bois, forêts, chemins, grottes, plantes... Feux : incendie redoutable ou charme d'un feu de cheminée, feu de camp ou flamme de la bougie...

Es-tu
Bosquet, racine,
murmure
À l'aube pourpre ?

Es-tu
Chêne, frêne, hêtre, cèdre
Au souffle d'éternité ?

Es-tu
Arbre de la parole ?
Branche de la pensée ?
Bourgeons de la sensibilité ?

À vous de jouer

• Faites la liste de vos préférences : « **Si j'étais caverne** », « **Si j'étais clairière**, etc. »

• Et, si vous en avez envie, écrivez un « **Si j'étais le feu** », « **Si j'étais flamme d'une chandelle** », « **Si j'étais Feu de Bengale** » ou « **Si j'étais feux de la Saint-Jean** ».

Si j'étais la terre

Je serais une clairière, tapisserie de mousses
Où foisonneraient
Paniers de gourmandises
Et cornes d'abondance

Si j'étais le désert
Dunes chantant sous les pas
Sculptures de sable
Théâtre de pierre
Mirage
Si j'étais désert
Je serais fier de ma changeante splendeur

Si j'étais la forêt
Dans un château secret
J'endormirais
Princes, animaux, fées et valets
Tous ceux qui m'ennuient
Seraient assoupis
Profondément
Et pour cent ans

Si j'étais un buisson
Je bruisserais de musique charmeuse

Le **feu**

Si j'étais le feu
Je serais flammes dansantes
dans la cheminée
Je serais chandelle illuminant
la beauté d'un visage

Si j'étais le feu
Je serais funambule
Dansant sur une rampe de fleurs

Déjà le **passé**

Je me souviens d'une lettre de mon grand-père
Je me souviens d'un chagrin passager
Je me souviens d'une promenade sur les épaules de mon père
Je me souviens d'une balançoire où je volais sous la caresse du vent
Je me souviens d'une maison abandonnée envahie de ronces et de lierre
Je me souviens d'une fête, d'un défilé, de chansons et du feu d'artifice
Je me souviens de vacances où nous crapahutions sur des sentiers escarpés
Je me souviens d'un voyage, seule, avec ma mère

Tu as été opéra, voix célestes et magiques
Tu as été halte de l'ombre
Tu as été jonchée d'amitié
Tu as été l'enfant du rire

À vous de jouer

Des années passées, vous avez des images, des souvenirs que vous pouvez décrire :

- « Je me souviens des temps heureux, mais aussi des journées incertaines où l'humeur demeure boudeuse… »
- « Je me rappelle des événements tristes comme une complainte… »

Complainte aux bouquets fanés, aux senteurs aimées

Complainte aux photographies jaunies d'ancêtres inconnus et à la vieille dame qui nous a quittés

Complainte aux méchantes saisons, aux enfants déportés, gazés et brûlés

Complainte à ceux qui ne savent pas aimer et à ceux trop loin qu'on ne peut plus imaginer

Le **présent**

Le présent se fête, l'immédiat se dit. Rencontres, amitié, découvertes : signes de poésie.

À vous de jouer

• Vous pouvez énumérer tout ce qui se passe « **À l'instant…** », ou jouer avec le petit mot « **ça** ». Le poème « **Visages** » vous permettra d'observer et de rêver. À partir de « **Avec pour ami…** », écrivez vos moments extraordinaires…

À l'instant
Il attend l'ami

À l'instant
Il monologue

À l'instant
Il voit la main diaphane qui tient l'archet

À l'instant
Il touche les pétales d'une pivoine

À l'instant
Un tremblement l'assaille

À l'instant
Il reconnaît le pas de l'ami

Visage
rondeur d'émotions

Visage
berger des mots

Visage
venu d'île incertaine

Visage
tableau réfléchi au miroir

Visage
lointain du rêve

Visage
aux brisures éparpillées

Visage
danse à l'accent nomade

Visage
d'intelligence tendre

ça joue à souffle fou
ça court au bout du ciel
ça chante à grande envolée
ça parle à corps perdu
ça cache des mots peu autorisés
ça ploie à fleuve joie

Avec pour amis
Des collines, un bois de noisetiers, une chaumière et des lapins en liberté

Avec pour amis
Un visage de madone, des boucles qui chavirent et des voix espiègles

Avec pour ami
Un jeu merveilleux qui ne s'arrête jamais

Avec pour amie
Une histoire qui vous porte et vous emporte très loin

Avec pour ami
L'élan tendre de bras aimés

Poèmes de **joie**

Je vis le bercement de la barque
Tu vis le feu des saisons
Elle vit la seconde d'un silence palpable
Nous vivons l'arborescence touffue d'une forêt de rêve
Vous vivez le bonheur des tournesols aux éclats de mille soleils
Ils vivent le souvenir d'un voyage au bout de l'horizon

À vous de jouer

• En fouillant dans votre collection de mots remplie au gré de vos lectures, rassemblez tous les mots et toutes les expressions de bonheur.
• Pour composer vos textes, partez de votre point d'envol préféré : « **Je vis** », « **Je salue** », « **Tandis que j'écris** »…
• N'hésitez pas à « **conjuguer** » vos plus belles images.

Je salue le rire
Pirouette de perles

Je salue la voix
Plaine lumineuse

Je salue le livre
Écho des contes

Je salue la liberté
Fracassée mais retrouvée

Je salue
LA VIE

Tandis que j'écris des enfants fêtent la paix
Tandis que j'écris un cri signe une naissance
Tandis que j'écris les poissons migrent vers des eaux plus propices
Tandis que j'écris le jour change de robe
Tandis que j'écris les promesses poussent dans la prairie
Tandis que j'écris le bonheur vole autour de moi
Tandis que j'écris tu me souris

ECOLE
en Vacances

Mon atelier d'écriture

Christine Beigel
Illustrations d'**Anne Simon**

MA LANGUE À TOUTES LES SAUCES

Une souris verte
sauce normale

Une souris verte
Qui courait dans l'herbe
Je l'attrape par la queue
Je la montre à ces messieurs
Ces messieurs me disent
Trempez-la dans l'huile
Trempez-la dans l'eau
Il en sortira… (tralala !)

La fin, je ne la dis pas ; à toi de continuer !

Retrouve, au fil des pages, la chanson de la souris verte cuisinée à toutes les sauces. Vois comme elle se transforme, au gré d'un exercice de style, en escargot ou en cargo !

PRÉFACE

Faim de jeu ?

Avant de jouer… on lit la règle du jeu. Celle-ci existe depuis des siècles ou a été mise au point plus récemment par un groupe d'écrivains amoureux de la langue. Je veux parler de l'Oulipo, Ouvroir de Littérature Potentielle, créé en 1960 par Raymond Queneau et François Le Lionnais.

Dans tous les jeux et exercices de style proposés ici, il n'y a pas d'adversaire car on joue juste avec la langue française.

Pourquoi ne pas la cuisiner comme une bonne pâte à pain, cette langue, la malaxer, la découper, la former en boules, la laisser reposer, gonfler, la larder, l'envoyer se faire cuire un œuf chez M. Lefour, puis la reprendre et la déguster ?

Pourquoi ne pas l'opérer, l'amputer d'une lettre ou de plusieurs, lui ajouter des mots obligatoires, lui greffer un autre corps de phrase, la faire voyager dans le dictionnaire pendant un court sommeil ?

Pourquoi ne pas la faire chanter, la faire crier ou grincer en reprenant des mélodies qui existent déjà, la faire raper, pétarader, dérailler, la rayer comme un vieux disque ?

Et pourquoi pas ! Ce livre est une invitation à faire (car il s'agit bien « d'actes d'écriture »), faire toutes ces folies, pour le plaisir. Alors… à vous de jouer !

Christine Beigel

Y A PAS UN OUBLI, ICI ?

Regarde bien le titre. Tu ne remarques rien ?
Quelle voyelle n'est pas employée ? C'est le **E**.
Il existe plusieurs jeux avec des lettres manquantes :
le **lipogramme**, *le* **monovocalisme** *et la terrible* **contrainte du prisonnier** *!*

Pour le **lipogramme**, tu écris un texte en « oubliant » une lettre de l'alphabet. Si c'est le **e**, tu obtiens un lipogramme en **e**.
Pour le **monovocalisme**, tu écris un texte en utilisant **une seule** voyelle, par exemple le **e**.
Pour la **contrainte du prisonnier**, aucune lettre ne doit dépasser des lignes de ton cahier ! Au placard, les b, d, f, g, h, j, k, l, p, q, t, y et z ! On accepte le i, les accents et les virgules.
Pour t'aider dans les trois cas, fais une liste de mots que tu peux utiliser et… vas-y !

Le lipogramme du loup en e

Un loup avait si faim qu'il prit trois cochons tout gras.
– S.O.S. ! cria un gros porc du lot.
Alors, il arriva. Qui, « il » ? Zorro, pardi !

Le monovocalisme des chèvres en e

Décembre. En ces terres gelées, des chèvres sèches et pelées serrent les dents et les fesses. Brrrr… Stressées, désespérées, elles bêlent :
– Dépêche, eh ! Pépère ! Des prés verts ! Des prés verts !
Le temps les entend et jette :
– Désertez, les mémères ! Revenez en été !

La contrainte de maman prisonnière

À son anniversaire maman a une énorme envie : ce soir miam un saucisson sec ou une sucrerie mauve ou une mousse aux marrons avec une mer de crème aux cerises ou non une écrevisse rose oui miam ou encore miam miam un roi miam savoureux miam… maman a une arrière-mamie sorcière…

Qu'as-tu fait ce matin ?
Lance-toi dans un lipogramme en **o**.

Qu'est-ce que la maman prisonnière de son estomac peut manger d'autre, sans dépasser les lignes de ton cahier ?

Une souris verte sauce lipogramme en e

Un rat à poils gris courait à ras du sol.
Un passant l'attrapa par un bout,
puis montra l'animal à un zigoto, qui lui dit :
« Hop ! glouglou ! Ha ! ha ! voilà quoi ? »

C'EST QU'ILS SONT CÉLÈBRES, CES INCONNUS !

Ils sont inconnus parce qu'on ne dit pas leur nom.
Ils sont célèbres parce qu'on ne parle que d'eux.
On les appelle le **beau présent**
et la **belle absente**.

Imagine un ami : **Colin**.
Il a cinq lettres à son prénom, **c**-**o**-**l**-**i**-**n**.

Ces cinq lettres seront présentes dans le **beau présent**, une sorte de poème qui aura cinq vers. Au premier vers, tu n'utilises que la consonne **c**, et toutes les voyelles que tu veux. Au deuxième vers, tu n'utilises que la voyelle **o**, et toutes les consonnes que tu veux. Au troisième vers, le **l** et toutes les voyelles. Au quatrième vers, le **i** et toutes les consonnes. Au cinquième vers, le **n** et toutes les voyelles.

Si tu veux faire de Colin un **bel absent**, c'est l'inverse : tu n'utilises pas de **c** au premier vers. Pas de **o** au deuxième vers, pas de **l** au troisième, pas de **i** au quatrième, pas de **n** au cinquième et dernier vers. Dans le vrai bel absent, il faut que toutes les autres lettres de l'alphabet apparaissent dans chaque vers. Pour simplifier, tu peux laisser de côté les k, w, x, y et z, difficiles à placer !

L'absent présent, ou acrostiche, est un poème dont chaque vers commence par la lettre du prénom chanté.

Comment s'appelle ton meilleur copain, ou ton amoureux (se) ?
Écris-lui un beau présent.
Comme sujet de bel absent, tu peux choisir ton pire ennemi !

Le beau présent

Coco-ci Coco-ça, ce Coco !
Sot croco !
Il alla, lalalala, là à l'île à l'ail
Il fit six cris mini rikikis
Un âne, oui, na !

Le bel absent

Qui est-il ? Âne hurlant, poule, jument verte ou folle bête à grandes dents ?
Quel bruit fait-il déjà, au petit matin : grr, chchch, sss, pic, cric, crac, vrrrrrrrr…
… Ou hi-han ? Ce coquin dévore jupes, pommiers, figuiers et baobabs !
Jouet caché dans un étrange costume à volants, que complote ce bel enfant ?
Colibri à bec oreille, quel drôle d'oiseau des champs ! Va, vole, jeu fragile à plumes !

Une souris verte sauce belle absente

Mon petit animal flou qui aime tant le gruyère de jolie vache à barbe
Ami, je viens te dire que tu es bien plus gai qu'une feuille chantante
Te voilà, magie : léopard à jambes vertes fendant l'herbe, fier comme coq
J'aime la pêche aux animaux vagues, un bond, deux, tac ! la queue, tu es fait !
Je te montre à deux braves gars en chapeau melon pour que la fête commence !
Eux jurent : valet pique et colle et gramme, un bain d'huile une douche d'eau froide !

(La belle absente est la **souris.**)

ARRÊTEZ,

ÇA DONNE LE TOURNIS !

À force de se mélanger, les mots font ce qu'on appelle des ***anagrammes****.*

Tu choisis un ou plusieurs **mots de départ**. Tu déplaces toutes les lettres pour former de nouveaux mots. Pour t'aider, prends une feuille blanche et découpe des carrés. Dessus, inscris chaque lettre à déplacer. Tu n'utilises chaque lettre qu'une seule fois. Mais tu dois les utiliser toutes sans exception. Bon **méli-mélo** !

L'anagramme de Sarah Butet

Depuis que Sarah Butet sait qu'elle a un autre nom, Hubert Sata, elle mélange tout, tout, tout. Ainsi, lorsqu'elle va faire des courses, elle achète de drôles de choses :

Liste de ce qu'elle devait acheter au départ :

JUS DE FRUIT CHOCOLAT SUCRE FARINE TOMATES PELÉES MAÏS CORNICHONS PÂTES ŒUFS SEL RIZ AUBERGINES BISCUITS YAOURTS ÉPONGE LESSIVE RADIS PAIN SALADE BEURRE.

Liste de ce qu'elle a acheté à l'arrivée, après avoir tout mélangé :

MILLE ÉTOILES SAC CUBA STEPPES GROTTES ZESTE DE FUREUR BECS FINS PONEY NAIN BRIN D'AIDE SALIVE JOIE CHOUCHOU POURRI GÂTEAU RASSIS CRÂNES FRITS RÂLE MOUSSE AS

Trouve pour chacun des mots suivants au moins un anagramme : arbre, sapin, neige, ligne, béton, tuile, image, chien, tortue, singe, des moustiques, pirate, sabres, bateau sur l'eau noire, aimer.

À partir des différents mots que tu auras trouvés, écris un texte.

(barre, pains, génie, linge, bonté, utile, magie, Chine, tourte, signe, musique de sots, partie, brasse, un beau tas, la ruée, roi, marié.)

Une souris verte sauce anagramme

Un rat rose
Qui doublait une vache
Je l'attrape par la queue
Je le montre à messieurs
Ces messieurs me disent
Ça ? Promenez-le dans la rue
Piaillez : « Meuh ! rats = desserts lents ! »
Il rira !

ÇA SE LIT

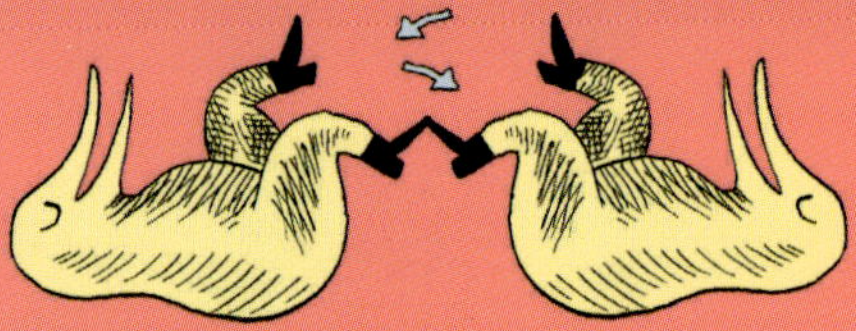

DANS QUEL SENS ?

Ça se lit dans les deux sens, de gauche à droite et de droite à gauche : ça s'appelle un **palindrome**.

Tu peux t'amuser à chercher des palindromes **de lettres**, c'est-à-dire des mots à double sens. **Tôt** est un palindrome parfait : le même mot se lit **à l'endroit** comme **à l'envers**. **Tard** est un palindrome imparfait : de droite à gauche, il donne dra = drap ou rat ou encore rate. Car tu as le droit de faire entendre ou non les consonnes muettes (pour drap, le t de tard reste muet, pour rat, le d est muet et pour rate, on prononce le t final).

Les palindromes **de syllabes** sont plus faciles : « À Paris, on rit pas ! » Écoute les sons et cherche à savoir s'ils te font penser à d'autres mots… Un jeu d'enfant (un jeu fendant) !

Il existe aussi des palindromes **de mots** : tu écris une phrase qui se lit dans **les deux sens**.

Quelques faux dictons

Qui mange du roquefort a un **corps dur** comme du **roc rude**.
Mieux vaut faire un **rot** que du **tort**.
Les **murs** en **béton** finissent toujours par attraper un **rhume** qui les fait **tomber**.
Les chats tachent quand la **lune** est **nulle**.
À partir d'une **ronde** on obtient **deux ronds**.
Les beaux **matins** donnent le **teint mat**.
Dans leur **nid**, les oiseaux **dînent**.

Invente à ton tour des faux dictons.
Si on te demande : « Comment seras-tu fait demain ? », que réponds-tu ?

(J'aurai des mains de fée.)

Tu téléphones et tu entends : « Laisser message codé » ; que dis-tu ?

(Déco sage mais c'est laid.)

Une souris verte sauce palindrome

Verte Souris
Que ça ? J'attrape !
Messieurs ces as montrent leur Jeu :
Écoute, ils disent, Hep :
Plouf ! hein ! l'eau, dedans, là, mais ! Alors !
Dis, parle-lui dents, Aussi
Pressé ? c'est Prêt !

Répète un peu, si t'es cap !

Cap sur la répétition ! Avec le **poème pour bègue**, *le* **tautogramme** *ou les* **chansons casse-oreilles**.

Le **poème pour bègue**, comme son nom l'indique, **bégaye**. Pour en écrire un, entraîne-toi à bébé gaga yéyé et tu trouveras les syllabes bègues de ton poème.
Attention : syllabes non répétées interdites. Pipi, Gégé ?

Le **tautogramme** est un poème dont tous les mots, sauf les articles et mots de liaison, commencent par **une même lettre**.

Quant à ces fameuses **chansons casse-oreilles**, il en existe des tonnes qui ne s'arrêtent jamais :
« Un kilomètre à pied, ça use, ça… »
« Alouette, je te plumerai… »
« Mais y'a qu'un ch'veu sur la tête à… »
« Lundi matin, l'empereur, sa femme et… »

Poèmes pour bègue à lire à haute voix

Pour Toto :

toc toc – zinzin
mûres – mur – hop hop
boum boum – tartare
bobo – ah larmes – alarme
pchit pchit – dodo

Pour Bébé :

areu areu – tétée
caca – gazou gazou
nounou – lolo
doudou – dodo

Pour Papa :

tchin tchin – glouglou
pouêt pouêt – tsoin tsoin
barbare – blabla
aglou aglou – hip hip – dodo

Envoie vite un poème pour bègue à ton tonton, ta tata, tes pépé et mémé. Crée une chanson sans fin qui commence par :

« Ah maîtresse si vous saviez, j'ai eu une panne d'oreiller, j'ai mon réveil qu'a pas sonné, j'ai mon pied qui s'est pas levé, j'ai mon cartable qui s'est caché… » et qui se termine par : « Mais c'est bien la dernière fois je vous le jure, je vais essayer ! » Chaque fois, tu ajoutes une excuse.

Écris un tautogramme commençant par la lettre que tu veux.

Tautogramme pour bien ch'entendre

Chaque chat cherche son chien
Chinois ou Chilien, en charentaises ou chaussons chic
Chouchou chéri aux chétifs chicots
Chacal, le chasseur charge
Champs, chaloupes, chalets, châteaux…
Chaudes, les châtaignes, chaudes chaudes !
Chamaillerie, chocs : charivari chez Charles
Chantons chouquettes et chocolat
Changeons de chaîne, charmants chérubins
Chuchotons : chéri chéri, chou
Chien chagrin cherche chat chamois

Une souris verte sauce Trois petits chats

Souris verte, verte course, course à pattes,
pattes dans l'herbe, herbe qui pique, pique la queue,
que j't'attrape, trappe à bêtes, bêtes messieurs,
eux me jettent : jette dans l'huile, huile de morue,
ruisseau d'eau, dos d'souris, rigole pas, parce que…
que vois-tu ?

Mais qu'est-ce que tu dis ?

*« Mais qu'est-ce que je dis ? » Tu te poses cette question parce que si tu lis à voix haute, les sons forment d'autres mots que ceux que tu vois écrits ! Ce jeu sur le son s'appelle l'***homophonie***.*

À partir d'un texte déjà existant, tu écris un nouveau texte. Ton texte reproduira les sons du texte de départ, mais **avec d'autres mots.**
Je répète : « **Appât : tir d'Hun (test) des jets excitants. Tu hais, cries : Hun ! Gnou ! Veau ! (texto).** »
Sinon, tu peux créer un poème dont les rimes seront **homophoniques**. Elles feront entendre, par exemple, un prénom (mais tu ne l'écris pas, le lecteur le découvre en lisant).
Tu peux aussi faire entendre des mots en **rempla100** des syllabes par des chiffres **10vers** : 1, 2, 3, 4, 5, 6 (x muet ou non)… 10, 100, 1000, etc. Essaie de le faire **100 10 hic scie aux nerfs** (sans dictionnaire).

Comptine traditionnelle qui compte 13 étrangement

12que tu sors ? 11tord de rire ! 10putez-vous…

Menu homophonique

Mêle ange dents d'Yves et débris de mots
Pou laid aux mille ailes
Ris : olé !

Charade homophonique

Mon premier, quand je le vis il pleuvait des lunes sur PaimPOL
Mon deuxième pleurait, je dus lui faire un cÂLIN
Mon troisième jouait avec un pinceau que ma NATTE TACHA
Mon quatrième trouva des mouettes jumelles dans DEUX NIDS
Mon cinquième fit de joyeux ricochets dans une MARE SEL
Pêcheur de crevettes grises, mon dernier attrapa un HOMARD
Mon tout est caché dans les rimes de mon poème, ma cabANE

(Paul, Alain, Natacha, Denis, Marcel, Omar, Anne)

Écris 1 petit 10cours de président qui compte et raconte :

« Fran7, Fran16… »

Écris un poème avec, pour rimes, les prénoms des élèves de ta classe.

Une souris verte sauce homophonie

Hue nœud sourd
Hiver, ttttt
Qui cou aide en l'air, beuh
Gel, âtre
Happe par là, que euh…
J'ai la montre, assez, mes cieux !
Ciel ! mes yeux médisent
Rampez là-dedans, Louis le Trompé
La dent, l'os : île, Anse Ortie…

C'EST PAS BIENTÔT FINI, NON ?

C'est un jeu qui ne finit jamais, la **littérature définitionnelle** *! Enfin… Il te suffira de dire « pouce », « crampe de dictionnaire », « y a plus de papier ! » Et fini les définitions !*

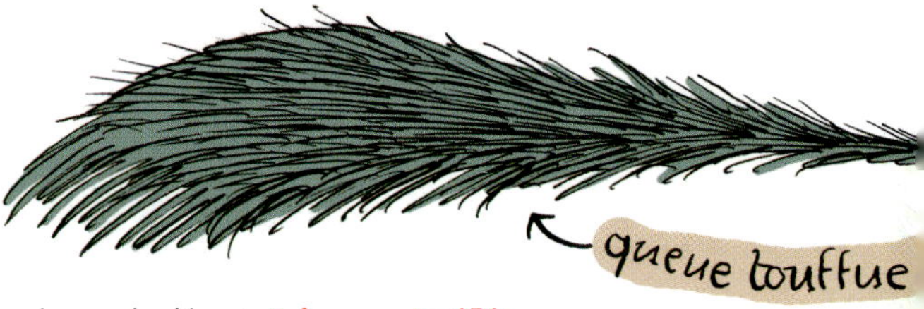

Écris une phrase de départ, **très courte (A)**.
Souligne les noms, adjectifs, verbes (sauf les auxiliaires), adverbes **(B)**.
Remplace les mots soulignés par une de leurs **définitions**.
Tu obtiens alors ton nouveau texte **(C)**.
Tu gardes du texte de départ : les articles, le temps des verbes.
Tu changes la ponctuation, tu peux même passer d'une seule phrase à plusieurs, du féminin au masculin. Tu as le droit d'ajouter un bout d'**Ornicar** (les fameuses conjonctions de coordination : mais, ou, et, donc, or, ni, car).

Le loup définitionnel

A Le loup se promène avec sa loupe.

B Le loup se promène avec sa loupe.
(pour « se promène », cherche à « promener »)

C Le mammifère carnivore, qui diffère d'un grand chien par son museau pointu, ses oreilles toujours droites et sa queue touffue pendante, va d'un lieu à un autre pour se détendre avec son instrument d'optique qui agrandit les objets.

Continue avec le mammifère carnivore ou commence une nouvelle histoire à partir des phrases suivantes :
Ce soir, mardi, il y a le film *Transformations* à la télévision. L'actrice Sophia de Montorido cuisine une charlotte. Le pirate Kouptoujour vogue dans la mer Rouge. J'ai faim.

Une souris verte sauce définitionnelle

Un mammifère rongeur voisin du rat, à poils de couleur intermédiaire entre le bleu et le jaune, se déplaçait par une suite d'élans, en reposant alternativement le corps sur l'une puis l'autre patte, et d'un train plus rapide que la marche. Il allait ainsi dans de petites plantes dont les parties aériennes meurent chaque année…

Y A UN TRUC QUI CLOCHE LÀ-DEDANS !

Découvre une méthode d'écriture qui compte.
On dirait presque du français mathématique !
On l'appelle la **méthode S + 7**.
Merci à Jean Lescure, son inventeur !

Tu choisis un poème que tu aimes.
Tu soulignes tous les noms (les substantifs, S).
Tu prends **le premier nom souligné** et tu recherches dans le dictionnaire le **septième** nom qui le suit.
Tu comptes uniquement les noms féminins ou masculins, pas les verbes, ni les adjectifs.
Ainsi, un **képi** devient une **kermesse**.
Si le septième nom trouvé ne convient pas, regarde le précédent et le suivant (6 et 8). Choisis le plus intéressant.
Eh oui ! tu as le droit de tricher pour la beauté du texte.
Tu peux faire la même chose avec les adjectifs (A) et les verbes (V), changer le chiffre 7, aller en arrière comme en avant dans le dictionnaire.
Tu fixes **ta propre règle** : V - 2, A + 6…

Une souris verte sauce S + 7

Une sous-barbe verte
Qui courait dans l'herboristerie
Je l'attrape par la quiche
Je la montre à ces montagnes
Ces montagnes me disent :
Trempez-la dans le huitain
Trempez-la dans l'ébarboir
Il en sortira…

Tous les textes sont bons pour les S + 7. Ne te prive pas !

S + 7 : Le petit principe

(d'après un extrait du *Petit Prince* d'Antoine de Saint-Exupéry)

– S'il vous plaît, dessine-moi un moviola !
– Hein !
– Dessine-moi un moviola…
J'ai sauté sur mes pieds-de-poule comme si j'avais été frappé par une fougère. J'ai bien frotté mes yogourts. J'ai bien regardé. Et j'ai vu un petit bonimenteur tout à fait extraordinaire.

(Noms de départ : mouton, pieds, foudre, yeux, bonhomme.)

V + 3 : Pince-moi, je rêve !

– Dessoûle-moi un mouton…
J'ai sauvé mes pieds comme si j'avais été frayé par la foudre. J'ai bien froufrouté mes yeux. J'ai bien régénéré. Et j'ai voituré un petit bonhomme tout à fait extraordinaire.

(Verbes de départ : dessiner, sauter, frapper, frotter, regarder, voir.)

On ne copie pas !

Le but du jeu du plagiat, c'est justement de copier sur son voisin écrivain ou poète. Vive la* manipulation*, les* centons *et les* perverbes *!

Le **centon** est un poème composé de vers empruntés à plusieurs poètes. Tu prends un vers par-ci, un autre par-là et ainsi de suite.

Pour écrire un **perverbe**, cherche d'abord de vrais proverbes. Ils sont construits en deux parties. Tu établis donc deux listes (une de débuts de proverbes, l'autre de fins).
Ex. : On ne fait pas d'omelette / sans casser d'œufs
ou : Il n'y a pas de fumée / sans feu
Tu prends un début et tu lui donnes une nouvelle fin (pas la bonne, bien sûr). Ainsi : On ne fait pas d'omelette sans feu.

Les perverbes de la semaine

Lundi qui sème le vent porte conseil.
Mardi qui vole un œuf récolte la tempête.
Mercredi il n'y a pas de fumée qui finit bien.
Jeudi la nuit, les borgnes sont rois.
Vendredi petit à petit, tous les chats sont gris.
Samedi tous les chemins ont des oreilles.
Dimanche les bons comptes mènent à Rome.

Une souris verte sauce perverbe

Mauvaise herbe ne fait pas la chanson
Entre l'arbre et l'écorce les souris dansent
Qui s'y frotte fait le larron
Les grands diseurs sont les plus mal chaussés
N'éveillez pas les grands remèdes
Cœur qui soupire boira
Qui ne risque rien rira le dernier
Avec des si, dix de retrouvés

Chantons ce centon pot-pourri

(une mélodie par vers) :

Ding, dang, dong

Prête-moi ta plume
Dans la forêt lointaine
Il était une bergère
Qui s'appelait Guilleri, Carabi
Ding, dang, dong (*bis*)

Auprès de ma blonde
Il était un petit homme
À la mode de chez nous
Meunier, tu dors
Ding, **dang**, dong (*bis*)

Il est passé par ici
De son pied, pied, pied
Dansons la capucine
Il y a longtemps que je t'aime
Ding, dang, **dong** (*bis*)

Donne-t'en à cœur joie avec les perverbes.

Écris un centon à partir de tes poèmes préférés.

SILENCE, ON COUPE !

Parfois, les textes sont un peu longs ! Autant y faire des **prélèvements** *pour les raccourcir et ne garder que le principal.*

L'**inventaire** se fait en ne gardant d'un poème ou d'un texte que **ses noms**. Tu conserves la forme de ton texte d'origine.
Tu peux ajouter « et » ou « ou » entre deux noms qui se suivent.

L'**haïkaïsation** s'appelle ainsi parce que le poème obtenu, appelé haïkaï, est presque aussi court qu'un **haïku** (poème japonais en trois vers).

Tu choisis **un texte de départ**, par exemple, La grenouille qui voulait se faire aussi grosse que le bœuf de Jean de La Fontaine :

Une grenouille vit un bœuf
Qui lui sembla de belle taille
Elle qui n'était pas grosse en tout comme un œuf,
Envieuse s'étend, et s'enfle, et se travaille
Pour égaler l'animal en grosseur
Disant : « Regardez bien ma sœur
Est-ce assez ? dites-moi. N'y suis-je point encore ?
– Nenni. – M'y voici donc ? – Point du tout. – M'y voilà ?
– Vous n'en approchez point. »
La chétive pécore s'enfla si bien qu'elle creva.
Le monde est plein de gens qui ne sont pas plus sages
Tout bourgeois veut bâtir comme les grands seigneurs ;
Tout prince a des ambassadeurs ;
Tout marquis veut avoir des pages.

Fais l'inventaire de la fable de La Fontaine que tu préfères.

Écris un haïkaï à partir d'un poème de ton choix.

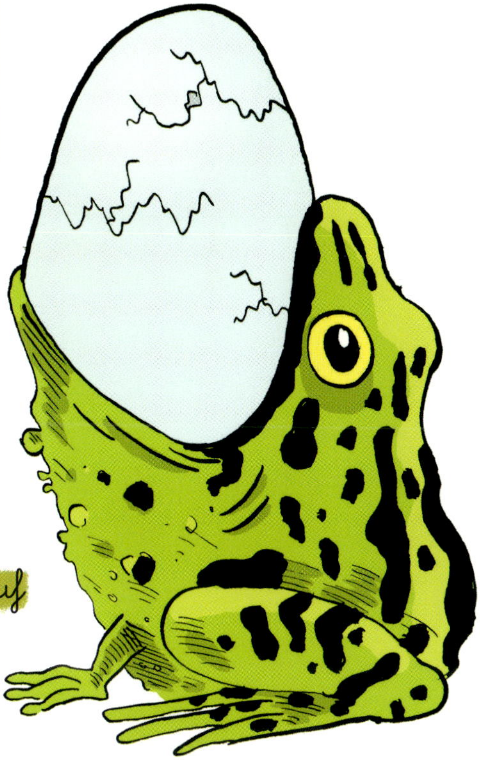

Tu coupes tout, sauf les rimes
ou les bouts de vers.
C'est ton « essence » de grenouille :
bœuf, belle taille, œuf,
se travaille, grosseur, ma sœur,
encore ? point, elle creva,
pas sages, grands seigneurs,
ambassadeurs, pages.
Ton haïkaï aura trois vers construits
avec certains de ces mots.

La grenouille et le bœuf

(fable inventaire)

Grenouille et bœuf, taille :
Œuf
Animal !
Sœur ?
Pécore…
Monde : gens
Bourgeois et seigneurs
Marquis et pages

Les sœurs grenouilles

(deux fables haïkaïs)

UN ŒUF DE BELLE TAILLE
LA GROSSEUR SE TRAVAILLE, MA SŒUR
GRANDS SEIGNEURS OU PETITS PAGES !

ENCORE ?
ELLE CREVA
POINT.

Une souris verte sauce inventaire

Souris
Herbe
Queue
Messieurs
Huile
Eau

ON EN REMET UNE COUCHE ?

On peut toujours ajouter des couches à un texte, comme on épaissit une sauce. D'ailleurs, les jeux d'extension empruntent leurs noms à la cuisine : **lardage**, **farcissage**... *À table !*

Pour un bon **lardage**, tu prends un texte et tu sépares toutes les phrases par une phrase nouvelle. Tu ne changes pas le sens du texte.
Pour un **farcissage**, tu choisis par exemple une dinde.
Tu fais une phrase, très courte : « J'ai une dinde. » Puis tu écris une nouvelle phrase dans laquelle tu ajoutes **un détail** (un mot ou plus) : « J'ai une belle dinde. » J'ai trouvé une belle dinde...
Tu construis ainsi une histoire. Tu dois juste respecter **l'ordre des mots**. Tu changes la ponctuation et, si possible, le sens de la phrase de départ.
Tu peux aussi farcir un poème que tu aimes.

Choisis un de tes poèmes préférés et larde-le de vers (pas de terre !).

Lettre religieusement farcie

Frère Jacques,
Je voulais vous dire que vos religieuses sont divines. **Frère Jacques**, vos petits choux farcis font des miracles. Le mois dernier, square St-Ange, j'ai rencontré un vieux monsieur de mon âge. Il était allongé sur un banc, il semblait mort. Je lui ai demandé : « **dormez-vous ?** » il ne m'a pas répondu. Je lui ai reposé ma question : « **dormez-vous ?** » Il restait muet comme une tombe, doux Jésus ! Il fallait que je fasse quelque chose… mais quoi ? Je n'avais sur moi qu'une boîte de religieuses de votre Abbaye des Farceurs. J'ai tenté le tout pour le tout : je l'ai ouverte devant lui et lui ai fait sentir vos créations. Miracle ! Il a hurlé : « **Sonnez** le réveil, bataillon 4 **les Matines**. » Et en moins de temps que vous les **sonnez, les matines**, il était ressuscité, **ding !** les yeux ouverts, **dingue !** debout, **dong !** au garde à vous.
Vous l'avez compris, c'est un militaire. Général à la retraite. Nous nous marions à l'église de St-Sauveur, **ding dingue dong**, le vendredi 20 mai prochain. J'espère que vous serez présent à la fête, avec les deux cents (200) religieuses au chocolat (bénies soient-elle) que je vous commande dans cette lettre.
Votre dévouée,

Georgette.

P.S. : Pour vous remercier, j'ai demandé aux petits chanteurs à la Croix de Bois de nous interpréter le canon qui porte votre nom.

Une souris verte sauce lardage

Une souris verte
Appelée Bethsabée
Qui courait dans l'herbe
Du jardin aéré
Je l'attrape par la queue
En me pinçant l'bout du nez
Je la montre à ces messieurs
En criant non mais r'gardez
Ces messieurs me disent
Faites donc des bêtises
Trempez-la dans l'huile
Comptez jusqu'à mille
Trempez-la dans l'eau
Celle des p'tits bateaux
Il en sortira… ?

C'EST LE JOUR ET LA NUIT

Tu dis noir, je dis blanc, tu dis oui, je dis non.
*Ce jeu extrêmement simple s'appelle l'***antonymie***.*
Il fait la joie des esprits contradictoires.

Tu choisis un texte de départ. Tu le **réécris**, en disant **son contraire**. Soit tu changes chaque mot, soit tu changes la signification générale des phrases. Tu peux aussi passer d'une forme affirmative à une forme négative. Tu es libre de faire ce que tu veux.

L'ours qui ne voulait pas se faire aussi petit qu'un œuf

(le lointain cousin de la fable *La grenouille qui voulait se faire aussi grosse que le bœuf*, voir page 26)

Un ours rêvait d'un œuf minuscule
Lui qui était aussi gros qu'un bœuf
Ignorant se rabougrit et maigrit et dort
Pour ne rien faire
Ne rien dire.
Le gros poilu rapetissa tant qu'il se réveilla.
La grotte est vide.
Le pauvre animal ne veut pas tomber comme une petite grenouille
Ce valet n'a aucune dame à servir
Il veut manger des maîtres.

Pauvre loup !

(d'après un extrait du *Petit Prince* de Saint-Exupéry)

– Gomme-moi le loup…
Je me suis replié sur ma tête
comme si j'avais été caressé
par un nuage rose. J'ai bien fait
glisser mes doigts de pied.
J'ai bien fermé les yeux.
Et je n'ai rien vu.

Choisis n'importe quel texte de départ (poème, comptine, fable ou article de journal) et écris son double antonyme.

Une souris verte sauce antonymie

Un chat rouge
Qui nageait dans du jus de tomates
Je lâche son oreille
Je le cache à ces dames
Ces dames se taisent, mais elles pensent :
Séchez-le avec du vinaigre
Séchez-le avec du feu
Il en restera…

PRÊT ?

ÇA COMMENCE PAR…

Un texte, ça commence toujours par un commencement
Mais comment trouver les premiers mots ?
Il suffit d'un jeu : le ***texte à démarreur****.*
Alors, prêt ?

La règle du jeu consiste à commencer chaque phrase de ton texte **par le même démarreur**, par exemple **« Je me souviens… »** : « Je me souviens d'un monsieur Georges P. Je me souviens qu'il était écrivain. Je me souviens qu'un de ses livres commençait par je me souviens. Je me souviens qu'il laissait courir son imagination… »

Pour mes 100 ans

Pour mes 100 ans j'irai danser le hip-hop sur la lune.
Pour mes 100 ans je voudrais avoir des ailes de dragon.
Pour mes 100 ans je soufflerai toutes les lumières de la ville.
Pour mes 100 ans j'effacerai les bêtises que j'ai faites dans ma vie.
Pour mes 100 ans je serai arrière-grand-mère du Chaperon Rouge.
Pour mes 100 ans je cesserai de mentir.
Pour mes 100 ans j'essaierai de ne pas oublier ma tête au lit.
Pour mes 100 ans je demanderai oh ! miroir, mon miroir, suis-je la plus ridée-fripée ?
Pour mes 100 ans je fermerai les yeux.
Pour mes 100 ans serai-je encore là pour tout cela ?

Une souris verte sauce texte à démarreur

Une souris verte ça n'est pas comme une souris grise.
Une souris verte ça court dans l'herbe.
Une souris verte ça s'attrape par la queue et pas d'une autre manière.
Une souris verte ça se montre à ces messieurs.
Une souris verte ça délie la langue des messieurs.
Une souris verte ça se trempe dans l'huile d'olive verte.
Une souris verte ça se trempe dans l'eau de pluie.
Une souris verte ça peut faire des tas de choses.

Si tu n'inventes pas ton propre démarreur, en voici quelques-uns :

Dans les yeux de mon grand-père…
Au pays des Krokmots…
Dans le train fantôme de minuit une…
Quand les poules auront des dents…

ALORS,
LA FORME ?

Si la forme y est, l'envie aussi. Voici deux derniers jeux de poésie pour le plaisir. L'un dessine un ***trident*** *et porte son nom. L'autre grossit et maigrit avec les mots, c'est une* ***boule de neige****.*

Le **trident** a une forme fixe.
Premier vers : 5 syllabes.
Deuxième vers : 3 syllabes.
Troisième et dernier vers : 5 syllabes.
Il ne rime pas forcément.

Un poème **boule de neige** a une lettre ou un mot au premier vers, deux au deuxième, trois au troisième, etc. Tu vas jusqu'où tu veux, si c'est 5, tu l'intitules : boule **croissante** de longueur 5. Pour obtenir une boule **fondante** de longueur –5, ton premier vers doit avoir 5 lettres ou 5 mots, le deuxième 4, le troisième 3, le quatrième 2, le cinquième 1.

Pour faire un **losange**, tu colles deux boules de longueur égale : une croissante, une fondante.

Trident météo mélangeuse

Ciel beau nuages lents
Il fait bleu
Allons à pas blancs

Trident école à ultrasons

Dis : mes tresses décollent
J'ai les vœux
Désastre aux notes poux

Croc-Blanc

(boule croissante de longueur 4)

À
L'orée
Du bois profond
Le loup blanc attend.

dis, maîtresse d'école,
j'élève
des astronautes poux

Goûte-moi

(losange de longueur 5
et boule fondante de longueur –6)

noix
de soleil
échappée des îles
doux parfum d'été
à déguster un jour frileux
quand dehors ça glisse
quand ça glace
à la
c o c o

toi cornet de mes rêves enneigés

tu préfères être croqué ici

ou jeté aux moineaux

depuis le pont

tu dis

croc

Forme des losanges
sur des ronds (soleil,
terre, ballon) et des
boules de neige
sur des sujets pointus
(montagne, chapeau,
toit, flèche).

Écris des tridents
qui résument
tes vacances,
tes rêves, tes peurs,
tes plaisirs.

16 signes d'adieu

(losange de longueur 4)

J
AI
UNE
D E N T
QUI
VA
?

Le visage d'Halloween

(losange de longueur 5,
2 absents présents)

Cli**C**
Insondable ovn**I**
Troué de partou**T**
Rêve transformé en cauchema**R**
Orange bien au-dessous de zér**O**
Un dragon alimente ton fe**U**
Il est ver am**I**
Luisant et seu**L**
Le détai**L**
Effray**E**

Une souris verte sauce trident

Qui est vert et court
Bien huilé
Trempé de sueur ?

La chasse à la souris verte

Cette fois-ci, l'animal est lâché dans l'herbe. À toi de trouver la règle du jeu qui te permettra de l'attraper !

La souris du jardin

Verte
La souris
Court très vite
Sur la pelouse interdite
Habile, j'attrape sa queue
Je la montre à ces gardiens
Ces braves messieurs me disent
Trempez dans le bassin
Huile et eau
C'est si
Bête

Elle court, elle court, la souris

REFRAIN :
Elle court, elle court, la souris
La souris verte dans l'herbe
Elle court, elle court, la souris
La souris à queue de chat

Je l'attrape par ici
Et je la montre par là
(refrain)

Tous ces messieurs que voici
Me disent les mots que voilà
(refrain)

Elle est passée par l'bain d'huile
Elle repassera par l'eau
(refrain)

Et qu'est-ce qu'il en est sorti ?
Un furet du joli bois !
(refrain, bis)

La star sous le rideau

Elle n'a pas un **sou**
Elle **ri**t vert
Sous les brins d'herbe
T**ri**ste destin
Ma main **sou**ple l'a p**ri**se
Soutirée à la terre
Par sa queue pas g**ri**se
Je la **sou**mets à des **ri**golos
Qui **sou**pirent et c**ri**ent :
– Dans l'huile, **sou**s l'eau !
À quoi ça **ri**me ?
Quel **sou**k ! **Ri**deau.

Souris sotte

Souris sotte saute sautille
De salade en salade
Un singe slach ! la soulève
Par le supplément
Il soumet le steak à sire Salfait
Le sage savant susurre :
– Sabordez ce souriceau
Sous la sauce au soja
Submergez le sous-marin
Sous les Seychelles
Soyez sans soucis,
Il en sortira un soleil !

Abracadabra il en sortira 1...

Ara à blabla
Bébé bouche bée
Coq pressé
Dinde décidée
Elfe qui fait « meuh ! »
Fourmi du chef
Gorille enragé
Hibou à moustache
Image de magie
Jeu assagi
Koala contre les tracas
Libellule sans ailes
Moineau qui dit « je t'aime »
Nounours pour reine
Otarie à vélo
Paon en cape et épée
Queue d'escargot sans petit cul
Rose qui ne manque pas d'air
Souris poétesse
Thé aux fleurs cactées
Urgence pour retourner au début
Verte herbe sur les pavés
Wapiti en provenance du Doubs, levé
Xylophone fixe
Yack à la mise en plis grecque
Zéro pointé même avec deux aides ?

La souris, le chasseur et le monsieur

(fable)
– Souris verte qui cours dans l'herbe
Où vas-tu ? Viens ici que je t'attrape
Une bonne fois pour toutes.
– Rira bien qui sourira le dernier, monsieur.
Il faut la tremper dans l'huile et dans l'eau, disiez-vous.
Silence ! Elle se transforme en chose chaude.
Voyez plutôt : je la mets dans mon chapeau.
Ecoutez-la, elle se plaint de chaleur, maintenant !
Rat ravi n'existe pas, c'est bien connu, décidément
Tiroir rime avec noir
Et culotte avec crottes.

Solutions :

La souris du jardin : losange de longueur 6 **Elle court, elle court, la souris** : plagiat furet
La star sous le rideau : alternance de la syllabe -sou et de la syllabe -ri : homophonie dite baobab
Abracadabra il en sortira 1... : alphabet homophonique **Souris sotte** : tautogramme en s
La souris, le chasseur et le monsieur : acrostiche

MES PAGES À REMPLIR

Dans la collection
HUMOUR EN MOTS :

Jean-Louis Beaucarnot • Diego Aranega
D'où vient ton nom ?
Tout savoir sur les noms de famille

Christine Beigel • Anne Simon
Ma langue à toutes les sauces
Jeux d'écritures pour enfants

Rolande Causse • Jean Claverie
J'écris des poésies
Des poèmes à lire, des jeux pour en écrire

Rolande Causse • Emmanuel Pierre
Vive la ponctuation !
Tout savoir sur la virgule, les points, les guillemets...

Sylvie Chausse • Dominique Maes
J'ai la pêche ! Tu as la frite !
Pour jouer avec le langage, les fruits et les légumes

Jean-Hugues Malineau • Pef
Quatre coqs coquets
Le grand livre des virelangues

Dix dodus dindons et quatre coqs coquets *(recueil)*

Jean-Hugues Malineau • Emmanuel Kerner
Drôles de poèmes
Pour les yeux et les oreilles

Jean-Hugues Malineau • Alex Langlois
Mes premières charades
Pour jouer avec les syllabes et les mots

Jean-Hugues Malineau • Véronique Deiss et Dominique Maes
Les Charades et les chats-mots
(recueil)

Joël Martin • Rémy Le Goistre
La vie des mots, l'ami des veaux
Le premier livre de contrepèteries pour tous

L'art des mots, l'eau des mares
Mes premières contrepèteries

Contrepétines
Comptines en contrepèteries

Michel Piquemal et Gérard Moncomble
Fernando Puig-Rosado
Le dico des mots rigolos

Michel Piquemal et Daniel Royo • Charles Dutertre
Le grand livre des codes secrets
Tout pour inventer de mystérieux messages

Michel Piquemal et Daniel Royo • Rémi Malingrëy
Le dico rigolo des expressions
De Achille à Zigomar

Denys Prache
Le Grand Livre des Rébus

Virginie Aladjidi • Caroline Pelissier et Julien Rosa
Bonjour et merci !
Les mots magiques pour être poli

Virginie Aladjidi • Laurent Kling
J'aime, j'ai peur, j'ai envie !
Les petits mots des sentiments

Albin Michel Jeunesse, 22, rue Huyghens, 75014 Paris
www.albin-michel.fr
Loi 49-956 du 16 juillet 1949 sur les publications destinées à la jeunesse
Dépôt légal : premier semestre 2011
N° d'édition : 19574 – ISBN-13 : 978 2 226 21840 7
Imprimé en France chez Pollina s.a. - L55338B